LAS
MUJERES
EN LA VIDA DE
MOISÉS

Isabel Gómez-Acebo

LAS MUJERES
EN LA VIDA DE
MOISÉS

SAN PABLO

Colección dirigida por Silvia Martínez Cano

Isabel Gómez-Acebo (Madrid, 1940) es licenciada en Ciencias Políticas por la Universidad Complutense y en Teología por la Universidad Comillas, donde ha impartido clases hasta su jubilación. Preside y dirige la Fundación Sagrada Familia. Está casada, es madre de 6 hijos y abuela de 21 nietos.

Autora de numerosas obras, en San Pablo ha publicado *Agua* (2019), *Invisibles. Las mujeres en el Concilio* (2019), *El santo olvidado. Santo Domingo de Guzmán* (2021), *Cuentos de Belén* (2021) y, en esta misma colección, *Las discípulas de Jesús* (2020) y *Débora y Yael* (2022).

© SAN PABLO 2025
Protasio Gómez, 11-15. 28027 Madrid
Tel. 917 425 113
secretaria.edit@sanpablo.es - www.sanpablo.es
© Isabel Gómez-Acebo Duque de Estrada, 2025
© Ilustración de portada: Silvia Martínez Cano, 2025
© Ilustraciones de interior: Montserrat Martín Blanco, 2025

Distribución: SAN PABLO. División Comercial
Resina, 1. 28021 Madrid
Tel. 917 987 375
ventas@sanpablo.es
ISBN: 978-84-285-7312-2
Depósito legal: M. 5.155-2025
Printed in Spain. Impreso en España

Introducción

El libro del Éxodo es una historia de los orígenes del pueblo judío, esto es, unos relatos compuestos de unas tradiciones orales muy antiguas que han pasado de generación en generación. En los orígenes, ya sean de un pueblo o de un grupo religioso, las relaciones societarias entre los sexos son más igualitarias, pues todavía no ha pasado el tiempo suficiente para que los poderosos se hagan con el mando. El Nuevo Testamento corrobora esta idea, ya que, en los inicios del cristianismo, el libro de los Hechos de los apóstoles o las Cartas de Pablo son un ejemplo palpable de un protagonismo femenino inicial y de la no admisión de diferencias entre los seguidores de Jesucristo, ya fueran esclavos, gentiles o mujeres.

Estas páginas comienzan describiendo la situación del pueblo judío en términos de esclavitud. Hoy sabemos que hacia el año 1200 a. C. unos pueblos semitas emigraron a Egipto donde pensaban encontrar trabajo remunerado. A su llegada, como tenían mala fama, fueron sometidos a los trabajos más duros y peor gratificados. De aquí a la consideración de que fueron esclavizados no hay más que un paso.

La situación, que ya era mala, se deterioró cuando el Faraón se dio cuenta de que los inmigrantes eran más numerosos que los egipcios. Entonces, tomó la determinación de acabar con ellos haciéndoles la vida más difícil cada día, pero como no conseguía su propósito, decretó unas medidas adicionales que impidieran su reproducción. Resultó tan grave el asunto, que amenazaba la supervivencia de las tribus elegidas, por eso Dios tuvo que intervenir para salvar a su pueblo. Y lo hizo valiéndose de la figura de Moisés y de un plantel de mujeres que le ayudaron.

Moisés –una figura legendaria en cuya persona se incluyeron otras– fue elegido por Dios para sacar a las tribus de Egipto y conducirlas a la tierra prometida. Un famoso refrán español defiende que detrás de un gran hombre hay siempre una gran mujer, y en este caso se cumple el dicho, pero en superlativo, ya que son muchas las mujeres que actúan bajo su sombra y que facilitan su vida, tanto física como espiritualmente.

Moisés nace y crece, y como todo niño, no se vale por sí mismo. Las dificultades que encuentra en su camino se solventan con mujeres, la mayoría extranjeras, que desaparecen cuando se hace adulto. Ellas entonces se sumergen en el olvido y se diluyen en una masa genérica, dentro del vocablo de «pueblo» o «Israel». El libro del Éxodo no es una excepción a la regla propia de estos textos, en los que se hace desaparecer a las mujeres cuando ya no son necesarias. El propósito de esta obra es recordar sus vidas y hechos, los cuales nos han llegado a través de pequeñas tradiciones orales, un tesoro que se recibe de los antepasados, tan importante, que ningún redactor posterior se atrevió a suprimirlo. Gracias a esta fidelidad podemos asomarnos a su existencia, e incluso, a través de los indicios que nos suministran, imaginar el tipo de vida y el rol social en el que estaban inmersas.

Dividiremos la lectura del libro en tres capítulos: el primero se desarrolla en tierras de Egipto, cuando el pueblo todavía se consideraba esclavizado; el segundo, un breve espacio de tiempo que estuvo Moisés en Madián, que le permite tomar esposa; y el tercero, cuando ya han recobrado la libertad, momento en el que recuperamos a su hermana Myriam, cuyo protagonismo crece.

El relato nos lleva a distintos espacios y situaciones: en el primer capítulo nos situamos en la experiencia de la esclavitud, en el segundo y en el tercero le toca el turno al desierto y sus aledaños. Son dos ámbitos paralelos y a la vez complementarios: Egipto-esclavitud y desierto-libertad.

1

Esclavos en Egipto

Aparece en la historia un nuevo Faraón que no se acuerda de las labores de José en los tiempos de vacas flacas del pueblo egipcio y que teme el crecimiento numérico de los judíos porque no sopesa las ventajas de una mano de obra barata. Piensa, con temor, en la pérdida de su gobierno, ya que son tiempos de guerra y no conviene tener en casa a una posible tercera columna, e incluso sopesa la posibilidad de un levantamiento de los judíos. Es un caso muy parecido al tema actual en Occidente, que mira con recelo a la inmigración sin ver las ganancias que se obtienen con su llegada. Tras comprobar que la rudeza con la que son tratados no disminuye su número, el Faraón intenta hacer algo más para conseguir sus objetivos.

Nos encontramos con un relato que responde a un género literario muy de moda en la cultura mediterránea. Es algo que se escribe, muerto un héroe, y que trata de buscar sus orígenes, la vida pre-pública de una persona que debe venir siempre envuelta en milagros de todo tipo, los cuales anticipaban sus gestas posteriores. Moisés entra en esta categoría y había que darle unos orígenes importantes.

Otro género literario se inscribe en el miedo que tienen los gobernantes, avisados por sueños o profetas, a ser depuestos de sus cargos por el nacimiento de un niño que les suplantará en el trono. En el entorno israelita podemos encontrar figuras similares en las historias de Gilgamesh, Ciro o Edipo mientras que, en el Nuevo Testamento, Mateo hace referencia a los miedos de Herodes, alertado por un sueño, del nacimiento de un niño que se hará con el gobierno de Israel. Posiblemente el evangelista tiene como modelo este relato del Éxodo.

El Faraón y dos parteras

El Faraón convoca a dos desconocidas parteras que posiblemente trabajaban con el pueblo israelita y

les da una orden: «Cuando asistáis a las hebreas, observad bien las dos piedras; si es niño hacedle morir; y si es niña dejadla con vida» (Éx 1,16). La pregunta que me hago es si dos mujeres podían atender todos los partos. Posiblemente representarían a un grupo genérico y no hay que perder de vista la importancia que tuvieron las comadronas en la antigüedad, como la admirada madre de Sócrates hacia el siglo V a. C., modelo para su hijo de filósofos y maestros. En la mitología egipcia había dos diosas, Isis y Neftis, que actuaban como comadronas y buscaban conseguir que los recién nacidos sobrevivieran, que no siempre era fácil. En este texto, las comadronas son las únicas mujeres en el libro del Éxodo que se sitúan cerca del poder político, ya que el Faraón dialogó con ellas, aunque parece más una construcción literaria, por motivos que interesarían al redactor, que la realidad histórica.

Las comadronas ejercían diversas funciones: litúrgicas, médicas e incluso legales, aunque con el tiempo fueron perdiendo prestigio. Aspiraban las flemas del recién nacido, le cortaban el cordón umbilical, vestían al niño y le hablaban al feto para que adoptara una postura que facilitara el parto. Seguramente utilizaban una fórmula semejante a la de Jesús frente a la tumba de Lázaro: «Lázaro, levántate y anda». Su último servicio consistía en facilitar que los padres quisieran hacerse cargo del recién nacido, pues la verdadera vida no empezaba hasta ese momento. Si esa adopción no se llevaba a cabo, quedaba en manos de la comadrona disponer del niño a su antojo. Las posibilidades discurrían entre abandonarlo en un paraje desierto, venderlo como esclavo, entregarlo a una casa de prostitución o destinarlo a un final feliz, que era entregarlo a otra pareja que lo quisiera como hijo. El abandono era una práctica inusual en el mundo judío, de lo que se asombrarían los romanos muchos años después, por lo que el redactor tiene que buscar un pretexto que justifique el abandono de Moisés por sus padres.

El Faraón daba la orden a las dos comadronas de mirar bien entre las dos piedras para descubrir el sexo del neonato. No estamos en condiciones de saber el motivo de esta referencia. Hay quienes piensan que es un eufemismo del sexo del varón; para otros, está aludiendo a las dos filas de ladrillos que se colocaban en el momento del parto entre las piernas de la mujer que estaba dando a luz. Pero lo más probable es que aluda al útero, que se componía según el mundo antiguo, de dos partes distintas. No se dice la forma en la que las comadronas debían llevar a cabo la orden del Faraón, pero lo normal es que lo hicieran secretamente fingiendo una muerte normal del recién nacido en el parto.

Si empleamos la lógica común parecería que para exterminar a un pueblo era mejor camino acabar con sus mujeres que eran los vientres reproductores capaces de multiplicar sus filas. Pero el Faraón no era tonto, y pretendía que las israelitas, sin compañeros masculinos, tuvieran que recurrir a varones egipcios para ser madres. Parecía una forma de que su pueblo creciera, pero el «si es niña dejadla con vida» (1,16) no le salió como esperaba, ya que las mujeres le fueron engañando sucesivamente comenzando por las comadronas.

No conocemos el nombre propio del Faraón, pero contamos con los de nuestras dos protagonistas, un caso sorprendente por lo inusual. Se llaman Sifrá, que se puede traducir por «bella», y Puá, que en hebreo significa «pantalón», pero en ugarítico hace referencia a «mujer joven». Por sus nombres y referencias «las comadronas de las hebreas» o «las comadronas que sirvieron a las hebreas», no sabemos si son egipcias o judías, pero tiene más sentido dar la orden a mujeres de otra raza para la matanza de niños judíos que a las propias. Josefo, en su libro *Antigüedades judías,* nos dice que son egipcias, y la posibilidad de que sean extranjeras permite además resaltar la bondad de las personas de otras naciones en un momento en que Israel lleva ya mucho tiempo instalado en la tierra prometida relacionándose con otros países.

Aunque no habían firmado el juramento hipocrático, su trabajo consistía en salvar vidas y temían a Dios, o a sus dioses, si no cumplían con su cometido, de forma que tomaron una decisión moral y se saltaron la orden del Faraón. Gracias a su actitud con el pueblo elegido, Elohim las gratificó. Hago referencia a Elohim porque Dios todavía no había comunicado su nombre de Yavé.

El Faraón las convocó al enterarse de su desobediencia y les hizo una pregunta sobre los motivos que las habían llevado a no atenerse a sus órdenes: «¿Por qué habéis hecho esto y habéis dejado con vida a los niños?» (2,18). No le cabe en la cabeza que puedan tener problemas morales y ellas, como no pueden decir la verdad, salen por la tangente y responden: «Es que las hebreas no son como las egipcias. Son más vigorosas y antes de que llegue la comadrona ya han dado a luz» (1,19). La palabra

hebrea *hayyot,* cuya traducción literal es «animal» –aunque los exegetas no se han puesto de acuerdo en este sentido–, es una fórmula despreciativa que utilizan las comadronas para demostrar que no se han pasado al enemigo, por quien sienten poca simpatía, y como el Faraón está deseando oír palabras de desprecio al pueblo judío, le gusta su respuesta y olvida su desobediencia.

Quien no se olvida de ellas es Dios. El pueblo «se multiplicó y se hizo muy poderoso» y «les concedió mucha descendencia» (1,20-21) con lo que las comadronas tuvieron más partos que atender de manera que incrementaron sus ingresos. Era la forma con la que Dios las compensaba, pues dentro del pueblo judío a los temerosos de Dios se les pagaba con una larga vida y muchos hijos. El *Tárgum* posterior aclara que una de ellas fue la primera figura de una casa real mientras que con la otra se inicia una familia sacerdotal. Como posible trasfondo, podemos mencionar el de las mujeres extranjeras que se convirtieron en madres de familias judías, como es el caso de Ruth, de cuya sangre nació el rey David. La literatura rabínica adorna sus vidas describiendo que proporcionaban alimento a los niños de los hogares pobres, rezando para que no se produjeran abortos y la vida de la madre no fuera amenazada en el parto. Unos actos que contribuyeron, una vez más, a la multiplicación del pueblo elegido.

Terminada su actuación, desaparecen de escena, pero nos dejaron la imagen de una lucha desigual entre el poderoso y el débil, entre la corte del Faraón conocida por sus conocimientos y la sabiduría del pueblo que tiene que ingeniárselas para buscar recursos. En este caso el inteligente es malo y pierde, mientras que el ignorante es bueno y gana. El mundo de los pobres no puede enfrentarse de cara a situaciones injustas con lo que recurre a otras vías: el engaño, la obediencia aparente, el hurto, la astucia... unas posturas que con frecuencia tiene que adaptar Israel en aras de su debilidad.

Dos temas centran este episodio, la vida y la muerte. Los distintos personajes se mueven a favor de uno u de otro flanco. El Faraón del lado de la muerte, mientras que las matronas y Elohim apuestan claramente por la vida. La astucia de las comadronas salva la vida de Moisés y nos conduce al siguiente relato.

Con astucia se pueden incumplir las leyes

El Faraón dio una nueva orden para todo el pueblo: «Todo niño que nazca lo echaréis al Río, pero a las niñas las dejaréis con vida» (1,22). Pongo *Río* con mayúscula porque para los egipcios esta corriente de agua tenía connotaciones divinas. Parece que sigue obsesionado con respetar a las niñas y con que se cumpla su plan inicial. Acto seguido, el relato nos introduce en la casa de Leví, cuya mujer «dio a luz a un varón y viendo que era hermoso lo tuvo escondido durante tres meses» (2,2), ya que le costaba cumplir con la orden. Según los rabinos la casa se llenó de luz y sus padres sobrepasaban los 100 años. En las tradiciones musulmanas se recogen toda clase de milagros: se caen las columnas de un templo y al Faraón le asaltan sueños sobre su trágico final.

El texto da a entender que aquel niño era el primero que tenía la pareja lo que contradice narraciones posteriores que consideran mayores a Myriam y a Aarón, pero dada la importancia de los primogénitos en la cultura hebrea era también de interés que Moisés lo fuera. Era el primero y también honorable porque sus padres pertenecen a la tribu de Leví, que estaba consagrada a Dios y que, por ello, tenía un estatus superior a las demás.

Sus padres no lo abandonaron al nacer por falta de interés, sino presionados por el edicto del Faraón. Los tres meses de plazo que tardaron fue señal inequívoca de su amor por el niño y su dolor al tener que deshacerse de su persona.

El relato se inspira en un género literario dedicado a contar historias de niños abandonados y rescatados, que después tienen unas vidas gloriosas. El ejemplo más próximo es el de Sargón de Acadia, que también sobrevivió tras flotar en una cesta en el río. Su madre, una sacerdotisa, lo tuvo en secreto, lo colocó en una cesta cerrada con betún y lo metió en el agua para que viajara río abajo. Lo recogió un regante que lo convirtió en su sirviente hasta que la diosa Isthar se enamoró de él y le hizo rey.

La madre de Moisés urdió un plan: «Tomó un cestito de papiro, lo calafateó con brea y pez, metió en ella al niño y lo puso entre los juncos a la orilla del río» (2,3). Se explican sus actos, pero no se nos dice su nombre. Para conocerlo tenemos que esperar a Éx 6,20 y a Núm 26,59, que nos ofrecen la genealogía de Moisés: su padre lleva el nombre de Amrán, y su madre el de Yakébet, que es tía de su marido. La mujer, cuyo nombre significa «gloria de Yavé», parece que sigue el edicto, pues «echa» al niño al río. A lo mejor nos recuerda al episodio del arca de Noé, pues se utiliza la misma palabra, *teibah,* para hablar del arca y del cestillo. Noé no se ahogó porque lo salvó Dios y a Moisés le salva la estrategia de su madre. Yavé y Yakébet, en cada relato, comparten no solo el nombre, sino también una misma acción que consiste en cerrar bien los dos habitáculos para que no entrara el agua y la embarcación zozobrara.

No sabemos cuál era su estrategia, pero podemos barruntar que vigiló durante días el río estudiando el lugar y la hora donde se bañaba la hija del Faraón. La rareza de que toda una princesa se bañe en el río la salvan los redactores judíos, como los del *Targumm Pseudo Johathan,* diciendo que tenía una enfermedad en la piel que se curaba bañándose en el Nilo. Con estos cálculos lo más probable es que dejara el cestillo enganchado, en un momento que consideró oportuno, entre los juncos en la zona para que no se lo llevara la corriente y en espera de que pasara la princesa.

En las *Antigüedades bíblicas* del Pseudo Filón y en las *Antigüedades judías* de Josefo, la figura de

Las capacidades de las mujeres son nulas en virtud de la «levedad y temeridad de su sexo».

Amrán crece desmesuradamente, mientras que Yakébet disminuye, como era de esperar. Su marido pronuncia discursos, se niega a obedecer las órdenes del Faraón y proclama su fe en Dios. Yakébet pierde todo protagonismo, incluso deja de ser su nodriza, mientras que las comadronas son sustituidas por unos policías egipcios a los que el Faraón encarga echar a todos los niños judíos al río. A Myriam, la hermana de Moisés, se le concede ser el centro de unos nuevos relatos que protagoniza y que veremos en su momento.

El historiador Josefo pretende hacer una relación de los héroes judíos para no desmerecer ante los griegos. Sus *Antigüedades judías* dejan vislumbrar una actitud que linda con la misoginia, ya que considera que las capacidades de las mujeres son nulas en virtud de la «levedad y temeridad de su sexo» (IV, 219). Desde esta óptica, reelabora estos capítulos: las comadronas, por ejemplo, no demuestran categorías morales, pues simplemente llegan tarde a los partos judíos. Solo se salva de sus consideraciones negativas respecto a las mujeres la princesa egipcia que no solo rescata a Moisés en el río, sino que posteriormente lo salva de otros peligros. Por lo que respecta a su familia, Amrán, que es de ascendencia noble, es el que decide la suerte que ha de correr el niño.

Dos hijas toman el relevo

Yakébet no dejó al niño solo: «Colocó a su hermana "a lo lejos para ver lo que le pasaba"» (2,4). El papel de esta niña es crucial, ya que pone en relación a dos hijas, la de Amrán y la del Faraón, que baja al río a bañarse. Posiblemente y a pesar de todos los cálculos, no fuera esta la única vez que llevaron al niño al río; es probable que en otras ocasiones terminaran menos contentas teniendo que llevar de nuevo al bebé a casa. De hecho, en *Jubileos* se nos dice que: «La madre venía de noche a amamantar al niño mientras que de día Myriam lo protegía de los pájaros» (47,5).

Esta hermana de Moisés va a tener mucho protagonismo. Tan importante es su figura, que su fama se retrotrae a este episodio al que los rabinos le añaden circunstancias que enriquecen su personalidad. De nuevo estamos ante el caso de niños prodigio que denotan cualidades extraordinarias que demostrarán en su vida adulta. Los textos la convierten en una profetisa niña que tiene un sueño –para Josefo el que sueña es Amrán–, en el que se le comunica el nacimiento de su hermano. A esta niña le encomienda Dios que le pida a su padre que retome las relaciones sexuales con su mujer, que había cortado por miedo. Ella cumple su cometido y Amrán accede, con lo que se produce un efecto dominó, pues el prestigio de su persona hace que todos los varones judíos sigan su ejemplo y el pueblo se multiplica. La imagen de Myriam aparece relacionada con la fertilidad y con el agua, necesaria para toda vida: en este relato es el Nilo, en el episodio de la huida de Egipto es el Mar Rojo y posteriormente es un pozo que lleva su nombre.

Uno de los *midrashim* actuales la presenta como defensora de los valores de la familia, «ayuda a su madre en el nacimiento de nuevas generaciones, empuja a su padre a engendrar al libertador de la nación, se casa con el propósito de tener hijos generando reyes...». Si no hubiera sido por su presencia a la orilla del Nilo el niño se hubiera perdido para siempre. En estos relatos se escucha de su propia boca decirle a Moisés: «Tu cuna hubiera sido tu tumba, pero gracias a mí se convirtió en una barca salvadora». Hubiera bastado que la madre de Moisés se presentara ante la princesa, pero posiblemente el interés en la historia judía de la persona de Myriam hizo que en su niñez también fuera un personaje importante.

Nuestra niña contempla de lejos. La cestilla es vista por la princesa que pide a sus criadas que se la acerquen. No es raro que la viera, pues nos dice el texto que cuando la abrió el niño lloraba y ese lloro fue lo que llamó su atención. La hija del Faraón conocía los decretos de su padre ya que expresa: «Este debe de ser algún niño de los hebreos» (2,6). En ese momento la hermana del niño se acerca lo suficiente a la princesa para ofrecer los cuidados de una nodriza. Sorprende que una desconocida pueda aproximarse tanto a una persona de su categoría, pero ante la novedad y la sorpresa, las criadas se distraen y no evitan que se acerque la niña. A lo mejor piensan que puede añadir alguna información sobre el bebé, pues seguramente vivía en la zona.

La niña se acerca temerosa, pues desconocía la reacción de la princesa. Según Filón, la joven era hija única del Faraón y para colmo estéril, lo que ayudó en su toma de decisión. «¿Me dejará hablar?», se pregunta Myriam. Es consciente de que la vida de su hermano dependía de aquellas mujeres; ¿estaba dispuesta la princesa a desobedecer las órdenes de su padre? La estratagema incluía facilitar a una mujer que hiciera de nodriza y es lo que hace ofreciendo a su madre para el cargo: «¿Quieres que vaya a buscar una nodriza entre las hebreas para que críe al niño?» (2,7). Con sus palabras da por sentado que la mujer se va a ocupar de su hallazgo, como manera de empujarla a hacerlo. Ya no se trata de Moisés, sino de la posibilidad de que su madre permanezca cerca de él al menos durante los tres años que duraba la lactancia. Una cercanía que además de cuidarle le permitiría hablarle de sus orígenes familiares y judíos.

La princesa accedió a la oferta con un brusco: «¡Vete!», pues las princesas no se dignan a hablar con inferiores y la niña creía que se habían desbaratado sus planes; pero la hija del Faraón se lo pensó mejor, pues la invitación la sacaba de apuros y era natural que atendiera las palabras de aquella niña.

No debía de andar muy lejos escondida Yakébet, pues no se hizo esperar y cuando llegó fue con-
tratada de inmediato: «Toma a este niño y críalo
que yo te pagaré» (2,9). La princesa habla como
si fuera suyo y contrata a la verdadera madre del
niño. Los comentaristas se asombran de que se ha-
ble de un precio, pues a los esclavos no se les paga,
pero hay alguno que considera el pago como primer acto en el camino de la adopción. Ha sido en-
gañada para pagar a una madre que amamante a su
propio hijo. La princesa cree que está controlando
toda la acción, sin darse cuenta de que ha sido ma-
nipulada desde el principio por la familia del bebé
encontrado.

En *Exodus Rabbah* se describe cómo la princesa
había intentado contratar a mujeres egipcias, que
rehusaron el encargo de amamantar a Moisés. Josefo relata que varias egipcias trataron de dar de
mamar al niño, que rehusó sistemáticamente su
leche. Hasta que no llegó su propia madre, Moisés
no aceptó que lo alimentaran. Toda la tradición
rabínica adopta esta idea que amplía diciendo que
la boca de un hombre que iba a servir de portavoz
de Dios no podía ser manchada con la leche de
una persona impura.

Ni que decir tiene que la madre del niño accedió gustosa a la oferta. La hija del Faraón adopta al bebé dándole una vida que su padre le quiso arrancar. Pero la existencia que ofrece no es la misma que la anterior, pues el niño pasa a vivir en el palacio. También cambia la vida de su madre, que adquiere un estatus muy especial, pues las nodrizas del entorno real estaban muy bien consideradas. Algunos faraones que no se casaron dentro de su propia familia tomaron por esposas a las hijas de sus nodrizas, como sería el caso de Satiah, la primera mujer de Tutmosis III.

Para conocer el nombre de nuestra princesa tenemos que recurrir a los *midrashim* posteriores en los que aparece como Bythia. Para el Pseudo Filón es joven y se hace cargo del bebé, pues ella no tiene descendencia propia. Tuvo un sueño que le invitó a bañarse en el río donde se encontraría con un niño circuncidado, el texto sigue una leyenda que defendía que Moisés nació circuncidado.

Ninguna de las mujeres que aparecen en estos capítulos iniciales son nominadas, salvo las egipcias, pues su papel es el de mujeres arquetípicas: son simplemente mujeres que actúan, como todas, impulsadas por sus instintos de madres, hermanas o hijas, con lo que sus nombres no interesan. Curiosamente son estas mujeres sin nombre las que desbaratan los planes del Faraón y cambian el destino del pueblo judío.

Se convierte en salvadora de un niño condenado a muerte.

En el momento que se escribe el relato, Israel está descubriendo la existencia de otros pueblos con otras costumbres y la hija del Faraón, que se deja guiar por la compasión para salvar a un niño judío, nace del deseo del relator de valorar positivamente a los gentiles. Esta mujer se aparta del camino marcado por su padre y se convierte en salvadora de un niño condenado a muerte. Una reflexión propia de los círculos sapienciales israelitas.

Del río al palacio

Pasamos de una escena a las orillas del Nilo, al palacio donde vive la hija del Faraón. El texto no nos aclara el lugar: «Tomó la mujer al niño y lo crio» (2,9). Simplemente nos advierte que han pasado una serie de años. Previsiblemente los tres que duraba una lactancia normal, en los que la madre biológica y su hijo vivieron juntos en su casa o en el palacio, ya que había la costumbre de que las mujeres ricas contrataran a amas de cría en sus propios hogares.

Sigue el relato anunciando que: «El niño creció y entonces la madre se lo llevó a la hija del Faraón, que lo consideró como un hijo» (2,10). El niño judío adquiere a partir de este momento el estatus de un príncipe egipcio, pues la princesa lo adopta como hijo. No conocemos bien las costumbres egipcias y de hecho en la vida adulta de Moisés no aparecen contactos con su familia egipcia. Queda la duda de si todo forma parte de un relato legendario o si tiene algún fondo histórico.

La nueva madre se sintió entonces capacitada para darle un nombre al niño que acababa de adoptar: «Y le llamó Moisés diciendo: de las aguas lo he sacado» (2,10). Hasta aquí Moisés no aparece con nombre propio ya que desconocemos cómo lo llamaban en su familia. El silencio convenía al relato pues permitía que fuera la hija del Faraón, la nueva madre, la que le impusiera el nombre con el que le iba a conocer la historia: Moisés. Es un nombre egipcio, ya que tiene el mismo final que muchos faraones conocidos como Tutmosis, Ahmoses,

Ramoses, una terminación que significa «hijo». Es hijo de la princesa y de unas aguas divinizadas como son las del Nilo.

Tenemos ahora la suficiente perspectiva para comprender «a las niñas dejadlas con vida», porque las hermanas van a jugar un papel estelar salvando a Moisés de la muerte. La palabra *hermana, bat,* aparece seis veces en estas líneas, cuando no es un vocablo muy usado, pues las hijas no interesan. Hay toda una ironía desencadenada entre el deseo del Faraón de salvar a las niñas y la cadena de una serie de ellas, entre las que se encuentra su hija, para estropear sus planes. La astucia y la compasión de las mujeres, armas poco poderosas en la vida social del mundo antiguo, consiguen lo inesperado, que es ganar una batalla al más poderoso de los príncipes del momento. Y todo esto porque el poder del Dios de Israel, que trabaja entre bambalinas, está siempre junto al más desposeído y pobre de la sociedad.

Hasta aquí el texto describe un plantel de féminas cuyos valores apetece emular, pues son valientes, compasivas, astutas, inteligentes... pero, no nos engañemos, todas estas virtudes las ponen de manifiesto dentro de la esfera doméstica que es la que les corresponde. Incluso podemos pensar que el miedo de concederle excesivo protagonismo a una mujer hizo que todas estas acciones se dividieran entre varias. ¡Una salvadora única para Moisés hubiera sido demasiado!

2

La huida a Madián

La huida

Como conocía sus orígenes judíos, nos dice el texto que: «Fue a visitar a sus hermanos y comprobó sus penosos trabajos» (2,11). En los lugares donde trabajaban los israelitas vio cómo un guardián egipcio pegaba a un judío y montó en cólera, mató al guardia y lo enterró en la arena. La historia, desconocida por los egipcios, hubiera terminado ahí si no fuera porque el judío maltratado posiblemente contara la hazaña entre sus compañeros. Al día siguiente de este hecho volvió Moisés al tajo de los judíos e intentó intervenir para que dos de ellos dejaran de pelearse. El más bravucón le dijo: «¿Quién te ha puesto de jefe y juez sobre nosotros? ¿Acaso estás pensando en matarme como mataste al egipcio?» (2,13). Lo que le hizo comprender que su asesinato andaba de boca en boca y temió que el Faraón se enterase. Para no ser presa de su ira huyó a Madián. La historia es extraña y parece un pretexto para hacer que Moisés vaya a ese país en donde se situaba una leyenda sobre su persona, y también tiene que ver con el sueño premonitorio que tuvo el Faraón y le advertía de que un varón judío pondría en peligro su trono. La verdad es que Moisés no sale muy bien parado en este relato. Actúa con violencia y luego huye.

Josefo añade un texto de la juventud de Moisés en el que la hija del Faraón lo nombra comandante del ejército en la campaña contra los etíopes. Como todavía es un niño tira por descuido la diadema real. Un escriba sagrado intenta matarlo al interpretar que era una premonición: destronar al Faraón. La hija del Faraón intercede por él. De nuevo una mujer le salva de morir.

En tierras madianitas

Moisés, en su huida al desierto, realiza la primera parada al borde de un pozo. Lugar de refresco y de descanso, pero también de encuentro entre sexos y

símbolo de fertilidad. Las muchachas jóvenes iban a buscar agua y los varones acechaban su llegada para relacionarse con ellas. Diversos episodios bíblicos colocan encuentros que terminan en matrimonio en este lugar, como Gén 24,10-61 y Gén 29,1-14. A nivel metafórico no es muy diferente el relato de Jesús con la samaritana.

Mientras Moisés descansa cerca del brocal se acercan las siete hijas solteras de un sacerdote de Madián para abrevar las ovejas. Un grupo de pastores que llegaron más tarde las echaron del lugar para aprovecharse del agua que ellas ya habían sacado: «Entonces, levantándose Moisés, salió en su defensa y les abrevó el rebaño» (2,17). Es la típica acción del héroe que defiende a la doncella débil. No son judías, pero la compasión no tiene raza.

Las hijas vuelven a casa y Jetró, que es como se llama su padre, con tantas hijas por casar, no pierde nunca la oportunidad de conocer a presuntos yernos, con lo que les echó en cara que hubieran dejado marchar al extranjero sin convidarle a casa. Como todavía había tiempo: «Llamadle para que coma» (2,20).

La historia termina como se barruntaba: «Aceptó Moisés morar con aquel hombre que dio a Moisés su hija Séfora» (2,21). El nombre de Séfora significa «pájaro» y sus alas servirán de protección a su marido. Todo el relato pretende demostrar la manera por la que llegó Moisés a casarse con una hija de Jetró. Ni que decir tiene que la historia fue embellecida por los rabinos que comentan que en el pozo Moisés demostró su amor por Séfora y que ella fue la única a la que su padre le encargó que volviera al lugar del encuentro. Ahora no solo las mujeres salvan a Moisés, sino que su persona las salva a ellas, aunque otros textos antiguos aseguran que Jetró, aunque supo que Moisés había huido de Egipto por causa de un asesinato, lo recibió mal y lo tiró a un pozo. No murió porque Séfora lo estuvo alimentando durante diez años.

A través de su matrimonio, dentro de este clan madianita liderado por Jetró –que significa «amigo de Dios»–, Moisés se va a encontrar con el Dios que va a dirigir su vida. Ese sacerdote al que se nombra de dos maneras diferentes en el libro, Jetró y Reuel, va a tener más importancia en su vida que el Faraón innominado. El episodio termina con la imposición del nombre al niño que nace de esta unión sexual de Moisés con Séfora para demostrar que la línea está asegurada. Su mujer escogió el nombre del bebé, al que llamo Guersón, pues dijo: «Forastero soy en tierra extraña» (2,22).

El libro del Éxodo comienza con la relación de los doce hijos de Jacob y la vida de Moisés depende de doce mujeres: las dos comadronas, la madre y la hermana de Moisés, la hija del Faraón y las siete hijas de Jetró.

Vuelta a Egipto y protagonismo de Séfora

Dios le pide que regrese a Egipto y se ponga al frente de su pueblo para liberarlo. A pesar de las trabas que va presentando, Dios lo convence y se pone en marcha. La única alusión a las mujeres antes de la huida es este versículo: «Cada mujer pedirá a su vecina y a la que mora en su casa objetos de plata, objetos de oro y vestidos, que pondréis a vuestros hijos y vuestras hijas y así despojaréis a los egipcios» (3,22), con el que se pretende explicar el origen de los objetos de oro y plata que aparecieron en el desierto.

El protagonismo pasa a Séfora, su mujer, cuando en el camino a Egipto nos encontramos con

El ataque constituye una prueba que tiene que pasar el héroe antes de empezar sus hazañas.

un extraño pasaje: «Le salió al encuentro Yavé en el sitio donde pasaban la noche y quiso darle muerte. Tomó entonces Séfora un cuchillo de pedernal y, cortando el prepucio de su hijo, tocó los pies de Moisés diciendo: "Tú eres para mí esposo de sangre". Y Yavé le soltó; ella había dicho "esposo de sangre" por la circuncisión» (4,24-26). Séfora ha comprado la vida de Moisés mediante el pago de la circuncisión de su hijo.

Ante la duda sobre los motivos que pudo tener Dios para atacar a Moisés –los dioses en la antigüedad no eran misericordiosos– surgen diversas respuestas, entre ellas las pegas que puso Moisés a la hora de cumplir las órdenes de Dios. También se puede pensar que el ataque constituye una prueba que tiene que pasar el héroe antes de empezar sus hazañas. Si él no actúa necesita de alguien que, de nuevo, venga a salvarle y vuelve a ser una mujer, su esposa, que le devuelve con creces lo que hizo por ella. Es como si Moisés tuviera que atravesar por un nuevo nacimiento que le coloca una vez más, pasivo e indefenso, en manos del sexo femenino, ya que Séfora no hace más que continuar las acciones salvadoras de todas sus predecesoras.

Aunque ya no se trata de la lucha contra el Faraón, sino contra Dios mismo: una hazaña mucho más complicada de conseguir, ya que a la divinidad en el monoteísmo no es posible vencerla, pues su soberanía no conoce límites. En este caso, Yavé toma características satánicas, pues estamos en un periodo de Israel en el que todavía emergen relatos politeístas. También las trazas de politeísmo emergen en la figura de Séfora, especialmente la vemos reflejada en la historia de Isis, diosa de la fertilidad femenina, que hace resucitar a su esposo juntando los pedazos esparcidos de su cuerpo y agitando sus alas encima hasta que recobra la vida. No podemos olvidar que el significado de la palabra *Séfora* es «pájaro». Es uno de los pocos ejemplos de una mujer en el Antiguo Medio Oriente llevando a cabo un sacrificio cruento, pues esta parte estaba reservada siempre a los varones. Pero una mujer extranjera en el país de Madián puede hacer determinadas acciones que les serían negadas a las israelitas.

El ritual va acompañado de unas palabras que deshacen el encantamiento: «Tú eres para mí esposo de sangre», y en este momento Yavé suelta a Moisés. Posiblemente la acción que hace Séfora es para justificar la temprana circuncisión de los niños judíos, ya que la costumbre del entorno era realizada en el momento de contraer matrimonio.

Son palabras que le dedica a Dios, ya que suelta su presa inmediatamente. Aquí abandonamos a Séfora, de la que se volverá a hablar más adelante.

3

Las jornadas en el desierto

El reencuentro con Myriam

Las sucesivas plagas que terminaron con la extinción de los primogénitos egipcios consiguieron ablandar el corazón endurecido del monarca. Pero al poco tiempo de haber tomado esa decisión se arrepintió y ordenó que su ejército saliera en busca de los israelitas para obligarles a desandar lo recorrido. El encuentro desigual entre los dos pueblos se dio en el lugar conocido como Mar Rojo o Mar de las Cañas. Tuvo que salir al paso Dios para ayudar a los suyos, lo que hizo abriendo las aguas para que pasaran y cerrándolas de nuevo en el momento en el que los egipcios intentaban llegar al otro lado. Las tropas enemigas murieron ahogadas, la misma suerte que corrieron los niños israelitas que no pudieron salvarse del decreto del Faraón.

Es entonces cuando aparece la figura de Myriam, la hermana de Moisés. Los israelitas entonan un canto triunfal de agradecimiento a su Dios que se conoce como *Canto de Myriam* o *Canto del mar.* El primer título se debe a que al final de este largo himno de alabanza se hace alusión al protagonismo de Myriam con estas palabras: «María, la profetisa, hermana de Aarón, tomó en sus manos un tímpano y todas las mujeres la seguían con tímpanos y danzando en coro. Y María les entonaba el estribillo: "Cantad a Yavé pues se cubrió de gloria arrojando en el mar caballo y carro"» (15,20-21). Con este canto finaliza una etapa que es la liberación propiamente dicha de Israel, pues a partir de este momento entramos en el desierto. No cabe duda de que el rol que cumple Myriam, o María según muchas traducciones españolas, en el texto supera el del resto de las mujeres.

La personalidad de Myriam

No tenemos excesiva información en el libro del Éxodo sobre la persona de Myriam con lo que vamos a tener que ampliarla con otros textos de la

Biblia, especialmente Núm 12. Aparte de su liderazgo ritual sobre las mujeres, el pasaje nos cuenta que es profetisa y hermana de Aarón. La etimología de su nombre parece egipcia

Sus fronteras eran amplias y permitían que diversas personas asumieran roles.

y significa «amada». En general iba este vocablo acompañado por el nombre de un dios que sería el amante, pero que a nosotros nos falta.

La mención que la coloca como hermana de Aarón ratifica el origen levítico con el que es presentada en el nacimiento de Moisés. No aparece en su calidad de madre, lo que nos da la idea de que es una figura independiente. No podemos perder de vista que estamos en los orígenes de Israel en los que las funciones sacerdotales, proféticas, legales o de gobierno no estaban bien definidas. Sus fronteras eran amplias y permitían que diversas personas asumieran roles que más tarde quedaron estrechamente fijados. Tiene un gran paralelismo con la figura de Débora, en cuanto que ambas tienen liderazgo.

Hay genealogías en las que aparece Myriam como hermana de Moisés y de Aarón (Núm 26,59 y 1Crón 5,29), pues hasta ahora solo aparecía como hermana de Aarón. La hermana que aparece en la infancia de Moisés no tiene nombre en el relato. El hecho de ser hermana y no madre o hija le da una característica de igualdad de la que los otros términos no gozan. Estas genealogías tienen una gran importancia a la vuelta del exilio, pues los sacerdotes que no podían demostrar su ascendencia aarónica quedaban fuera del culto. La inclusión de Myriam en la lista demuestra que hay una tradición antigua que la liga como una auténtica figura de liderazgo espiritual conectada con el sacerdocio.

¿Se la puede considerar sacerdote? Todo el entorno israelita abunda en figuras sacerdotales femeninas, pero en la Biblia no aparece ninguna con este título. Los textos que tenemos son del periodo monárquico y posterior que no reflejan lo que pasaba en tiempos más remotos. Parece que en estos el sacerdocio estaba ligado a un santuario determinado, donde había consultores de oráculos. Parece que en nuestro texto de Números lo que se plantea es una discusión sobre la posibilidad de pronunciar oráculos en nombre de Dios.

¿Tenía relación Myriam con algún santuario? La respuesta puede estar en el relato de su muerte:

«Y se quedó todo el pueblo en Cadés. Allí murió Myriam y allí la enterraron» (Núm 20,1). Que el Antiguo Testamento cite la muerte de esta mujer demuestra que era una persona importante. Cadés era, además, una localidad que, según el biblista Gerhard Von Rad, albergaba un santuario.

En otro pasaje aparece Myriam dentro de la tradición esgrimiendo una protesta para castigar a la primera generación de liberados que no entraron en la tierra prometida: «Myriam y Aarón murmuraron contra Moisés por causa de la mujer kusita que había tomado por esposa: por haberse casado con una kusita. Decían: "¿Es que Yavé no ha hablado más que con Moisés? ¿No ha hablado también con nosotros?"» (Núm 12,1-2). Los hermanos, Myriam incluida, están planteando un problema de liderazgo religioso, pero Dios les responde reconociendo la posibilidad de un diálogo con su persona, pero deja bien claro que sus relaciones con Moisés son de una categoría superior: «Boca a boca habló con él, abiertamente y no en enigmas y contempla la imagen de Yavé» (Núm 12,7-8). Nada más marcharse Dios, Myriam apareció cubierta de lepra, lo que le inspiró pena a su hermano Aarón, al que no le pasó nada por el mismo acto, que intercedió por ella. Y Dios respondió: «"Que quede siete días fuera del campamento y luego sea admitida otra vez". Myriam quedó siete días excluida del campamento. Pero el pueblo no partió hasta que se reintegró» (Núm 15,15). El pueblo no se quiso poner en marcha hasta que Myriam se incorporó a una parte de la caravana.

Este relato antiguo sobre Myriam nos hace ver que su persona tenía un gran protagonismo dentro de una comunidad en la que se plantean luchas por el poder entre aaronitas, levitas y profetas. Para ver el puesto que tenía recurrimos a Miq 6,4: «Te hice subir del país de Egipto, y de la casa de servidumbre te rescaté, y mandé delante de ti a Moisés, Aarón y Myriam». Que lo relacione este profeta, muchos siglos después de ocurridos estos eventos, demuestra que la persona de Myriam siguió viva como líder de la comunidad durante mucho tiempo. A su muerte también la naturaleza demostró su duelo cerrando los cauces de agua, lo que obligó a Moisés a golpear la roca con su cayado «y el agua brotó en abundancia» (Núm 20,11). Otra preciosa leyenda relaciona la persona de Myriam con los pozos de agua que encontraron a lo largo de su camino por el desierto, ya que su vida siempre había transcurrido junto al agua, primero en la del Nilo salvando a su hermano, luego en el Mar de las Cañas y al final en el agua que genera Moisés. El agua para un pueblo del desierto es la vida y Myriam simboliza esa vida.

Una familia separada

Un nuevo encuentro con Séfora es narrado unos capítulos más tarde. Parece que Jetró se enteró de que Moisés había conseguido la liberación de los judíos del yugo egipcio y le salió al paso en el desierto: «Tomó a Séfora, mujer de Moisés, a la que Moisés había despedido y a sus hijos. El uno se llamaba Guersón, pues Moisés dijo: "Forastero soy en tierra extraña" y el otro se llamaba Eliezer, pues dijo Moisés: "El Dios de mi padre es mi protector y me ha librado de la espada del Faraón"» (Éx 18,2-4). Todo el protagonismo recae sobre Jetró mientras que, gracias al texto, sabemos que había nacido otro hijo de la pareja.

La gran pregunta es en qué momento Moisés abandonó a su familia, a lo que los diferentes exegetas responden de forma diversa. Unos apuestan por Egipto y otros que les envió, antes de emprender la liberación, a la casa de su padre. Hay quienes creen que hubo un divorcio y un nuevo matrimonio de Moisés con la mujer kusita, pero la calurosa bienvenida a Jetró no parece que refrende esta tesis. Pero también Josefo describe a Jetró viajando solo y siendo recibido por Moisés, Séfora y sus hijos. Un cuadro que le parece más encomiable que el que relata el texto bíblico.

El texto tiene mucho más interés en la figura del sacerdote y sus relaciones con Moisés que en los sentimientos que pudo despertar el encuentro de un marido con su esposa y de un padre con sus hijos. ¿Le interesaba a Jetró unir a la familia o simplemente encontrarse con su yerno? Jetró, que es un hombre religioso, probablemente quiere saber de viva voz la ayuda que les ha prestado Yavé. El narrador no nos dice absolutamente nada de la reunión de los esposos, pues no le interesa relatar un idilio familiar, sino reflejar momentos claves de la historia de Israel.

Breve conclusión

Hemos ido recorriendo el Éxodo para encontrar a las mujeres que ayudaron a Moisés y que a partir del capítulo cuarto prácticamente desaparecen y, lo que es peor, no son mencionadas sino es para ser castigadas, como Myriam, por levantar la voz. Comparadas con la figura de Moisés no son nada, pero sin ellas el gran libertador no hubiera sido capaz de llevar a cabo su misión. Su presencia nos conduce a la idea de que no debemos despreciar al débil o a aquel que tiene un papel supuestamente secundario, porque con frecuencia sirve de cabalgadura para el héroe.

Esquema visual

LAS MUJERES EN LA VIDA DE MOISÉS

ESCLAVOS EN EGIPTO

SIFRÁ PUÁ

rechazo población
miedo

vida
–niña–

muerte
–niño–

desobediencia

Israel crece

Elohim

larga vida

ingresos

MYRIAM
fertilidad
salvación

madre:
nodriza
educación

gentiles
extranjeras
ayudan

Dios actúa

MOISÉS

príncipe

HUIDA A MADIÁN

LAS JORNADAS EN EL DESIERTO

violencia

huida

descanso
encuentro

hijas de Reuel

SÉFORA

mujer: protege

Mar Rojo

alabanza

profetisa
MYRIAM referente
líder -amada-

reencuentro
familiar

diálogo con Dios
autoridad

Para el trabajo individual

Después de leer el texto, párate un momento y pregúntate:

- ¿De qué manera Dios se vale de otras personas para intervenir en nuestras vidas? Reflexiona sobre la presencia de Dios en tu vida a través de otras personas.

- En muchas ocasiones la presencia de las mujeres se invisibiliza como sucede en este texto y toda su acción queda en segundo plano, aunque, como hemos visto, es determinante para que la vida cambie o se transforme. ¿De qué manera se pueden reconocer estas aportaciones tan valiosas de las mujeres? ¿Tienen nuestra Iglesia y nuestra sociedad posibilidades para desarrollar estos mecanismos de reconocimiento? Piensa en algunos que conozcas o imagínate alguno nuevo.

- Piensa en las mujeres que han pasado por tu vida y que te han influenciado. ¿Qué aspectos de tu vida se han enriquecido y qué aspectos han cambiado gracias a ellas?

- Procura hacer un tiempo de silencio que sea de acción de gracias por las mujeres que han influido en tu vida.

Dinámica grupal

- Como comunidad, ¿qué personas son fundadoras para nosotros?

- ¿Somos agradecidos con las personas que se acercan a nuestra comunidad?

- Cada persona del grupo piensa en una situación comunitaria que ha sido liderada, coordinada u orientada por otro miembro de la comunidad. ¿De qué manera esta persona ha influido en el desarrollo y avance del grupo? ¿Qué aportaciones podríamos destacar de esa persona? ¿Qué valores o actitudes de esa persona pueden convertirse en parte esencial de la vida comunitaria?

● Agradecemos en silencio la presencia callada de las personas que han pasado por la comunidad y han sido testimonio sencillo para los demás.

Rutinas de pensamiento

antes pensaba,

¿Qué ha cambiado en mi pensamiento sobre la historia de Moisés?

¿Qué me sorprende?

¿Cómo influye la vida de personas sencillas en mi propia vida?

¿Qué sabía de Moisés?

ahora pienso

2

¿Qué actitudes de estas mujeres puedo incorporar a mis acciones?

¿Qué mujeres son fundadoras en mi vida?

antes pensaba,

ahora pienso

2

Bibliografía

GÓMEZ-ACEBO ISABEL, «Las mujeres en el libro del Éxodo», en *Relectura del Éxodo,* Desclée, Bilbao 2006, 27-83. El libro contiene una relectura sobre las mujeres que aparecen en los versículos del Éxodo, desde un enfoque feminista. Este capítulo concreto desarrolla el papel de las dos modestas parteras que se atreven a desobedecer al soberano más poderoso de ese momento, iniciando el proceso liberador del pueblo elegido.

FRYMER-KENSKY TIKVA, *Reading the Women in the Bible. A New Interpretation of their Stories,* Schoken Books, Nueva York 2002. El libro aborda tanto las hipótesis modernas como las creencias tradicionales sobre la presencia de mujeres en el Antiguo Testamento, y selecciona qué argumentos tienen buen apoyo y qué preguntas quedan sin respuesta en la explicación de los textos donde aparecen las experiencias de las mujeres en una sociedad patriarcal.

NAVARRO MERCEDES, *La vocación de Moisés: perspectivas metodológicas,* en Est. Bib 52 (1994) 133-166. La autora plantea el marco metodológico tradicional para la exégesis de Éx 3–4, y desde ahí realiza una aproximación psicológica a la figura de Moisés y a los símbolos y elementos que aparecen en el relato. Después introduce elementos de la exégesis feminista sobre la misma figura para darle un enfoque diferente y novedoso.

PROPP WILLIAM H., *That Bloody Bridegroom (Exodus IV, 24-26),* en *Vetus Testamentum* 43/4 (1993) 495-518. El artículo intenta profundizar, en un relato difícil de contextualizar, sobre las acciones de Séfora que la vinculan a Yavé como «esposa de sangre». El símbolo ritualizado necesita de un contexto más amplio para poder comprender la circuncisión y la alianza de Dios con su pueblo.

SIEBERT-HOMES JOPIE, *Let the Daugthers Live! The Literary Architecture of Exodus 1-2 as a Key for*

Interpretation, Brill, Leiden 1998. Este estudio analiza los relatos de Éxodo 1 y 2 con vistas a contribuir a la interpretación de la narrativa bíblica en general. Describe qué metodologías se pueden utilizar y pone algunos ejemplos sobre cómo los personajes femeninos se pueden comprender desde interpretaciones feministas.

Índice